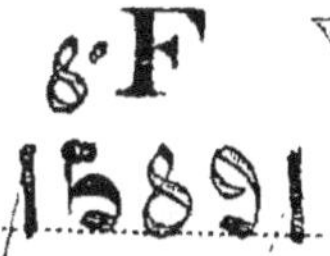

LE
Mariage des Protestants
EN FRANCE

EXTRAIT DE

l'Aperçu de l'Évolution Juridique du Mariage

PAR

ÉMILE STOCQUART

Avocat à la Cour d'appel de Bruxelles

BRUXELLES

OSCAR LAMBERTY, ÉDITEUR

Rue Veydt, 70 (Quartier Louise)

1908

LE MARIAGE DES PROTESTANTS

EN FRANCE

LE
Mariage des Protestants
EN FRANCE

EXTRAIT DE

l'Aperçu de l'Évolution Juridique du Mariage

PAR

ÉMILE STOCQUART

Avocat à la Cour d'appel de Bruxelles

BRUXELLES

OSCAR LAMBERTY, ÉDITEUR

Rue Veydt, 70 (Quartier Louise)

1903

XIII. — Mariage des protestants.

83. Un nouveau mouvement, dont le principe fonda-
mental était la liberté, avait, dès le commencement du
XVIe siècle, pris une telle extension qu'il dominait
l'opinion publique : remplacer la vieille et creuse idole
de la scolastique par une science vivace, fondée sur
l'étude des lettres grecques et latines, des ouvrages
moraux et politiques de Platon et d'Aristote ; substituer
aux superstitions du moyen âge l'Ecriture sainte comme
source unique de la doctrine chrétienne (109); réformer
l'Eglise et le clergé, et amener ainsi la diminution de son
pouvoir exorbitant; préparer enfin le triomphe des
gouvernements nationaux sur le despotisme de Rome.
Aussi l'ancien système fut-il attaqué tout à la fois par
une triple opposition, littéraire, religieuse et popu-
laire (110).

Les chefs de cette opposition demandaient, comme
Erasme, une amélioration ou une transformation de
l'Eglise, conformément aux principes évangéliques, mais
en tenant compte de ses traditions et de ses institutions,
de son passé et de son présent ; ils désiraient simplement
la réforme des abus. D'autres, comme Martin Luther,

---

(109) Dès que les Allemands cultivèrent les lettres, ils s'appli-
quèrent à l'étude des livres saints; ce fut le commencement de la
réformation. (LAURENT, *Etudes sur l'histoire de l'humanité*, t. VIII,
p. 395.)

On pense que le nom de Protestants fut donné en premier lieu
aux Luthériens qui *protestèrent* dans la diète impériale tenue à
Spire en 1529, contre un édit d'une diète antérieure tenue à
Worms et défendant toute innovation en matière de religion.

(110) J.-J. ALTMEYER, *Les précurseurs de la Réforme aux Pays-
Bas*, t. II, p. 304.

désiraient une révolution radicale ; ils finirent par l'emporter. Ils voulaient démolir le fond même de la religion catholique.

84. Luther était une âme sincèrement religieuse; ce furent les terreurs de la foi qui l'entraînèrent au couvent. C'est ce que nous apprend MELANCHTON dans sa *Vita Lutheri : Saepe eum cogitantem attentius de ira Dei, aut de mirandis pœnarum exemplis, subito tanti terrores concutiebant, ut paene examinaretur.* La vie monastique l'attirait profondément, parce qu'il la considérait comme la voie de la perfection chrétienne et surtout à cause du calme et de la sécurité qu'elle semblait devoir lui apporter. Son désenchantement fut extrême et son désespoir immense. L'âme du jeune moine ne trouva de repos que dans la croyance de la justification par la foi. Ce dogme, qui anéantit l'homme devant Dieu, est, dans l'opinion de Luther, le fondement de la réformation. Aussi ne nous trouvons-nous pas en présence d'un révolutionnaire, d'un homme de violence, mais d'un homme de foi qui préfère respecter même les superstitions catholiques, plutôt que de les détruire par la force. Au milieu d'un siècle qui penchait vers l'incrédulité, il produisit néanmoins la plus étonnante des révolutions; il accomplit une révolution religieuse, en s'emparant du dogme chrétien de la grâce, altéré et affaibli par la scolastique et par le monachisme.

85. Martin Luther dénonça avec une énergie persistante les scandales résultant des mariages clandestins, ce danger, cette plaie de son époque, commune à toute l'Europe (111). Le droit canonique, reconnaissant la

----

(111) Non seulement en France, mais en Espagne, dans les Pays-Bas, en Ecosse, des lois furent promulguées pour remédier au mal. On les examinera toutes, au cours de cette étude.

constitution du lien conjugal *solo consensu,* admettait
en même temps la pleine validité des mariages clandestins, mais il en limitait les effets par sa théorie des
preuves. Si l'un des deux conjoints, unis clandesti-
nement, venait à contracter une nouvelle union publiquement, en présence de témoins, c'était cette dernière
que faisait prévaloir la juridiction ecclésiastique, de là
cette maxime canonique : *Clandestinum manifesto
non praejudicat.* Néanmoins, tout en donnant cette
décision dans le *forum externum,* l'Eglise, en ce cas,
considérait comme valable en soi le premier mariage
clandestin. Il en résultait qu'au tribunal de la pénitence
le prêtre devait défendre au bigame de rendre le devoir
conjugal à son second conjoint, tandis que le juge ecclésiastique lui imposait le même devoir, sous peine d'ex-
communication.

On conçoit, dit M. ESMEIN, quel trouble de semblables
principes devaient apporter dans la société, si l'on songe
que les bigamies sont encore assez fréquentes de nos
jours, où le mariage est soumis à une publicité sérieuse
et où la facilité des informations est si grande. (112).

Dans ses *Tischreden* (Propos de table), LUTHER met
en pleine lumière les angoisses qui assaillaient certaines
consciences : « C'est ainsi qu'il m'arriva également au
couvent, et qu'il arriva à l'Official, que deux personnes,
après s'être unies par serment réciproque, se déga-
geaient de leur engagement. Ensuite, on venait à moi
ou à un autre confesseur, au confessionnal, en disant :
Lieber Herr, j'ai une femme que j'ai épousée clan-
destinement ; que dois-je faire à son égard ? Aidez-
moi, *Lieber Herr Doctor,* levez mes doutes. Cette
Gretna que j'ai épousée la première est bien ma vraie

---

(112) ESMEIN, *op. cital.,* t. II, p. 128.

femme. Mais cette Barbara, avec qui je me suis marié ensuite, n'est-elle pas ma femme et ne dois-je pas coucher avec elle? Je ne puis prendre celle-là, quoique je le voudrais bien; mais je ne le puis, car j'ai une autre femme et elle a un autre mari, et personne ne sait qu'elle est ma femme si ce n'est Dieu dans le ciel. Oh! je suis damné; je ne sais que faire, *O, ich werde verdampt, ich weiss keinen Rath.* » (113)

86. ERASME avait déjà relevé ces difficultés et ces contradictions. Si l'époux bigame obéit au juge d'Eglise, il s'attire la colère céleste, s'il n'obéit pas, il encourt l'anathème. Que fera-t-il? *Si obtemperat Ecclesiae judicio, provocat iram Dei ; si non obtemperat, feritur anathemate. Quid faciet?*

87. LUTHER et CALVIN préconisent le mariage civil, puisqu'ils veulent le soumettre uniquement à la puissance séculière. Voici comment le premier s'exprime à cet égard dans ses *Ehesachen:*

« Autant de pays, autant de coutumes, dit le proverbe; par conséquent, puisque le mariage et l'état de mariage sont choses du siècle, il ne nous appartient point, à nous religieux ou serviteurs de l'Eglise, de rien ordonner ou réglementer à ce sujet; il faut laisser chaque ville et chaque pays suivre en cela leurs usages et coutumes, tels qu'ils se comportent.

» Personne ne peut nier que le mariage ne soit une chose extérieure et mondaine, comme les vêtements, les aliments, la maison, la cour, et soumise à l'autorité séculière, comme le démontrent les constitutions rendues par les empereurs.

» Comment devons-nous nous comporter quant aux

---

(113) Le texte allemand se trouve reproduit dans FRIEDBERG, *op. citat.*, p. 102.

questions matrimoniales et au divorce? J'ai dit que c'était
aux juristes à prescrire, et qu'il fallait se soumettre au
pouvoir séculier, parce que l'état de mariage est une
chose extérieure et mondaine, comme le sont la femme,
l'enfant, la maison et la cour et autres choses semblables ; tout cela est soumis à l'autorité de l'Etat, comme
celle-ci l'est à la raison. »

En même temps, Luther reconnaissait à l'état de
mariage une haute valeur au point de vue religieux ; il
le mettait bien au-dessus de l'état de virginité et de
continence. « L'état de mariage », disait-il, « est le plus
religieux de tous ; c'est à tort et par injustice que l'on a
appelé certains états les ordres religieux et qu'on a
appelé le mariage un état mondain ; la vérité, au contraire, c'est que le mariage est le véritable état religieux. »

88. CALVIN combat la théorie du mariage considéré
comme sacrement, qu'il prétend inconnue dans l'Eglise
avant l'époque de Grégoire VII (114). Le mariage a été
institué par Dieu, mais il ne faut pas en conclure que
c'est un sacrement; autrement il faudrait en dire autant
de l'agriculture, de l'architecture, de la cordonnerie, de
l'échoppe de barbier qui sont également des institutions
divines, et non des sacrements. *Ordinatio Dei bona et
sancta : et agricultura, architectura, sutrina, tons-
trina ordinationes sunt Dei legitimae, non tamen
sunt sacramenta.* Il cherche à montrer que les textes
contiennent simplement des comparaisons et des méta-
phores. On interprète mal les paroles de Saint Paul :
Sacramentum hoc magnum est. Le texte grec porte,

---

(114) Ce pape célèbre, appelé d'abord *Hildebrand*, fils d'un
charpentier de Soana, en Toscane, né vers l'an 1013, mourut en
1085, à Salerne et souleva cette lutte terrible, connue sous le
nom de *Querelle des Investitures*.

au lieu du mot équivoque *sacramentum*, le mot mys-
tère, μυστηριον (115).

89. La réforme, de l'avis de LAURENT, fut une transition
entre la religion du moyen âge et la religion de l'avenir ;
elle est au catholicisme ce que la monarchie constitu-
tionnelle est à la monarchie absolue. La première est
un point d'arrêt dans la marche trop précipitée vers la
liberté et l'égalité, la réforme est une halte dans la
marche désordonnée vers l'émancipation religieuse (*op.
cit.*, p. 26).

90. Le protestantisme introduisit dans la science deux
grandes idées : la liberté politique et la liberté religieuse.

L'alliance de la religion et de la philosophie, telle
qu'elle existait au moyen âge, ne pouvait subsister. La
scission se fit au XIVᵉ siècle et la raison reprit son indépendance. La philosophie, en se séparant de la théo-
logie, sécularisa la science et maintint en face de l'Eglise
le droit du libre examen. Cet élément de liberté était un
legs de l'antiquité. L'influence d'Aristote interprété par
les Arabes, déposa dans les esprits des germes de doctrines anti-chrétiennes qui conduisirent à une opposition
radicale contre l'orthodoxie catholique. De là procède,
dit LAURENT, le flot d'incrédulité philosophique qui
commence dès le XIIᵉ siècle et se prolonge jusque dans
les temps modernes (116).

---

(115) Voir l'excellente discussion de M. BEAUCHET, *Nouvelle
revue historique*, 1882, p. 366.

Le vrai nom de Calvin était *Cauvin*. « Ayant à traduire en
latin le nom de Cauvin, pour lui donner un air et une terminai-
son convenable au génie de cette langue-là, on n'a pu le traduire
autrement que par *Calvinus*. Car au lieu de *Cauve* en Picard, et
de *Chauve* en Français, tous les bons auteurs disent en latin
Calvus. Ainsi, au lieu de *Cauvin* et *Chauvin*, on ne peut dire
en latin que *Calvinus*, Calvin ». (BAYLE, *Dict.*, Vᵒ *Calvin*, p. 21,
note BB).

(116) LAURENT, *op. cit.*, p. 23.

91. Les diverses tendances de la Renaissance s'unirent dans un homme qui fut le type immortel de la modération, de l'étendue intellectuelle, de la sagacité brillante, dans un homme dont le nom reste grand au milieu des grands hommes qui illustrèrent le XVIe siècle. Erasme est tout ensemble un précurseur du protestantisme et un esprit libre qui annonce les libres penseurs. Il faut considérer ce génie si varié sous bien des faces, si l'on veut le connaître et lui rendre justice. Ses ennemis disaient qu'il était pire que Luther, lequel avait pondu l'œuf couvé par ce dernier, que le réformateur avait sucé tout son venin dans les écrits de l'humaniste. Il commença, il est vrai, l'œuvre du réformateur, en publiant une traduction latine du Nouveau Testament, plus exacte, plus élégante que la Vulgate. Par ses railleries, il semble lui avoir préparé et facilité les voies. Le docteur Simon Fontaine se plaint que *par occasion, Erasme a faict plus de mal que Luther ; pour ce que Luther n'a faict que eslargir l'ouverture de l'huis duquel Erasme avait pu crocheté la serrure et l'avait entr'ouvert* (117).

Quoi qu'il en soit, les nouvelles doctrines ne reçoivent pas ses faveurs : « Il semble que la réforme aboutisse à défroquer quelques moines et à marier quelques prêtres ; cette grande tragédie se termine par un événement comique, puisque tout finit par un mariage, comme dans les comédies. » (*Erasmi Epist.*, XXI, 41.)

92. En 1519, Erasme avait atteint l'apogée de sa gloire. Qu'on se figure, dans sa jolie maison de Bâle, où il s'est retiré depuis 1521 et où la mort vint l'atteindre le 15 juillet 1536, ce petit homme blond, portant le capu-

---

(117) Simon Fontaine, *Histoire catholique de notre temps*, livre VII, fo 91 (Paris, 1562).

chon monastique, avec son visage fin et lumineux, son front pensif, ses yeux bleu clair, à demi fermés ; les lèvres sont minces, les coins de la bouche se relèvent avec finesse, le nez est effilé. Rien n'annonce la force, tout prouve la délicatesse, la perspicacité, la lumineuse facilité de l'esprit.

La bibliothèque de Bâle a conservé plusieurs lettres manuscrites, adressées par Erasme à son ami Amersbach, de Fribourg, où il s'était retiré avec les chanoines de Bâle. On y remarque le passage suivant, qui prouve la tolérance de cet homme célèbre : « Le cardinal M…, » qui insistait si fortement sur la nécessité d'employer » des mesures de rigueur contre les réformés, vient » d'être pris par des corsaires algériens ; ces gens-là » vont lui enseigner à ses dépens ce que c'est que l'into- » lérance, il reviendra corrigé » (118).

93. Déjà au XIVe siècle, un jurisconsulte oublié, MARSILE DE PADOUE (*Marsilio da Padova*), émet une critique profonde de la doctrine chrétienne ; il mérite d'être comparé à Luther, qu'il dépasse même, au témoignage d'auteurs considérables. Procédant d'Aristote, le docteur italien soutient qu'il « ne peut y avoir dans chaque Etat qu'un seul pouvoir souverain ; s'il y en avait plusieurs, il n'y aurait ni lois possibles, ni gouvernement, ni justice. Si chacun a le droit de juridiction, un citoyen pourra être cité devant deux tribunaux différents pour la même cause, à la même heure : devant quel tribunal comparaîtra-t-il ? Devant tous les deux ou devant aucun ? Absurdité en théorie, anarchie en fait et dissolution de la

---

(118) *Erasme et son époque* (*Revue britannique*, 1836, t. I, p. 134). — Une des plus belles dissertations que l'on puisse lire est celle d'Erasme sur le Proverbe, *Dulce bellum inexpertis*.

société » (119). MARSILE DE PADOUE ne reconnaît aucun pouvoir à l'Eglise, car le pouvoir n'est autre chose que la souveraineté. Il s'érige en outre en défenseur de la liberté de conscience : « *Ad observanda praecepta divinae legis, poenâ vel supplicio temporali, seu praesentis seculi, nemo Evangelica scriptura compelli praecipitur* ». Le prêtre n'est autre chose que le docteur de la loi divine; il est chargé de nous apprendre ce qu'il faut faire ou rechercher pour mériter la vie éternelle. Mais il n'a pas de pouvoir coercitif. Suivant la parole de Saint Chrysostôme, on ne ramène pas par la force un égaré (120). De telles paroles font honneur à l'esprit libéral et tolérant qui les a écrites.

94. Certes, les protestants du XVIᵉ siècle, en réclamant et en proscrivant tour à tour la liberté de conscience, obéissaient au fanatisme aveugle et absurde des partis. Mais de la rencontre de ce fanatisme avec un fanatisme contraire naquit la pensée d'une transaction. Le protestantisme fut l'occasion de ce traité de paix, qui consacrait le droit des croyances diverses dans un même Etat, droit nouveau, inconnu du moyen âge et qui est l'honneur des sociétés modernes.

Le XVIᵉ siècle est le vrai commencement des temps modernes, c'est un champ de bataille où se sont rencontrés les amis et les ennemis des progrès actuellement

---

(119) Au XVIIIᵉ siècle, cette critique de la doctrine chrétienne fut formulée par Jean-Jacques Rousseau, dans ces paroles célèbres : « Il est résulté de cette double puissance (de l'Etat et de « l'Eglise), un perpétuel conflit de juridiction; on n'a jamais pu « venir à bout de savoir auquel, du maître ou du prêtre, on était « obligé d'obéir. Le christianisme rompt l'unité sociale, en donnant aux hommes deux législations, deux chefs, deux patries. »

(120) Pour plus de détails, voyez PAUL JANET, *Histoire de la science politique*, t. I, p. 457, 3ᵉ édit.; LAURENT, *Etudes sur l'histoire de l'humanité*, t. VIII, p. 267.

accomplis ; c'est alors qu'a commencé, selon les uns, la dégénérescence, selon les autres, la régénération de la société européenne ; c'est là qu'est le berceau de nos libertés ou de notre anarchie selon le point de vue que l'on choisit. Chose remarquable, à la même époque où naissait l'homme qui devait, préparant l'anarchie politique par l'anarchie religieuse, introduire le germe de mort dans la vieille société royale et pontificale d'Europe, un autre homme découvre une nouvelle terre, futur asile de la civilisation fugitive. Christophe Colomb trouve un monde au moment où Luther allait en détruire un autre.

95. Des savants, attirés par François Ier, apportèrent en France les premières semences du protestantisme, dont les doctrines gagnèrent rapidement de chauds partisans. La sœur du roi, Marguerite d'Angoulême, esprit rêveur et pratique à la fois, mêlée à toutes les grandes affaires de son temps, caractère multiple résumant tous les contrastes de son époque, applaudissait aux réformateurs, disant de Dieu :

> Par eux, veult que la loi confirmée
> Soit, et aussi l'Eglise réformée (121).

Cependant le mouvement nouveau flatte la liberté de l'esprit humain : les érudits avaient le plaisir d'examiner leur croyance ; les gentilshommes provinciaux, petits-fils de suzerains autrefois puissants et privés de leur pouvoir féodal, retrouvaient dans le nouveau culte une sorte d'indépendance, heureux de secouer une autorité gênante. Ils ne tardèrent pas à former l'armée militante des protestants et se montrèrent d'autant plus redoutables qu'ils sentaient de toutes parts une résistance plus forte.

------

(121) Taxile Delord, *Revue nationale et étrangère*, t. II, p. 541.

96. Le pouvoir prit des mesures pour étouffer, dès son origine, les progrès de la nouvelle religion. Durant l'absence de François Ier, parti en 1524 pour la guerre d'Italie, où il devait être fait prisonnier, la reine-mère Louise signa le 10 juin 1525 des lettres patentes ordonnant l'exécution d'une bulle du pape Clément, du 17 mai précédent, relative aux poursuites à exercer contre les Luthériens (122). C'est le commencement de cette persécution religieuse qui, interrompue par l'édit de Nantes, ne devait cesser que dans les dernières années du règne de Louis XVI.

97. Un édit de 1534 frappe des peines prononcées contre les hérétiques mêmes tous ceux qui recéleraient les Luthériens et accorde aux dénonciateurs le quart des confiscations. Un édit de juin 1540 punit de peines sévères les fauteurs et adhérents de l'hérésie, enjoint en outre à tous les juges du royaume, soit royaux, soit seigneuriaux, d'informer, toutes choses cessantes, contre les dits coupables, de les emprisonner, de les envoyer, avec les procédures, au parlement pour y être jugés à la grand'chambre. A mesure que le nombre de protestants s'accroissait, on redoublait contre eux de sévérité et l'on multipliait les précautions. Une déclaration de Henri II, du 11 février 1549, ordonne aux parlements, en cas de retard ou de négligence des juges inférieurs, de nommer des commissaires tirés de leurs compagnies, « pour faire les actes, procédures et diligences requises et nécessaires, contre les hérétiques et mal sentant de la foi, leurs sectateurs et imitateurs ».

---

(122) Isambert, t. XII, p. 231. Le texte complet de la bulle y est reproduit (p. 232) et Martin Luther, qualifié de *religiosus et theologiæ professor, animæ suae salutis et propriæ professionis oblitus.*

98. L'édit du mois de juin 1551 est rédigé dans le même esprit. Il est enjoint de plus aux juges d'avertir les procureurs généraux de ceux qui leur auront fait requête en faveur des prisonniers, accusés du crime d'hérésie, pour les poursuivre et conclure contre eux à la condamnation « des peines édictées par les constitutions canoniques ».

99. Pour la masse du peuple français, le catholicisme était la vie morale, la sanction du passé et de l'avenir, le culte des aïeux, la garantie de tous les droits. Quand Luther jeta son premier cri de guerre, tout ce qui faisait le bonheur des uns, l'appui, l'espoir, l'ambition des autres se trouvait attaqué. Alors se soulevèrent et eclatèrent des passions terribles, sanglantes.

Il serait impossible de vous dire, écrit un contemporain, quelles cruautés barbares furent commises de part et d'autre. Où le huguenot est le maître, il ruine toutes les images, démolit les sépultures et tombeaux, même passant par Cléry, il n'a pas pardonné à celui du roi Louis XI, enlève tous les biens sacrés et voués aux églises. Et contre échange de ce, le catholique tue, meurtrit, noie tous ceux qu'il connait de cette secte et en regorgent les rivières. Il n'est pas que parmi cela quelques-uns n'exécutent leurs vengeances privées sur leurs ennemis aux dépens de la querelle publique. Et combien que les chefs fassent contenance de n'approuver tels déportements, si les passent-ils par connivence et dissimulation. La paix vaut mieux que la guerre (123).

100. Si l'Espagne catholique brûlait les malheureux soupçonnés d'hérésie, les anabaptistes protestants de Munster égorgent, au nom du Christ, femmes, vieillards et enfants. Si les docteurs de la Sorbonne condamnaient

---

(123) ETIENNE PASQUIER, *Lettres*, liv. IV, t. I, p. 232.

au bûcher quiconque n'admettait pas leur symbole,
Calvin, pape de Genève, envoie au supplice Servet,
qui ne comprenait pas la Trinité comme lui. Mais à la
pensée protestante se joignait partout l'idée d'émancipation et de liberté; à la foi catholique s'attachait invin-
ciblement l'idée d'autorité et d'obéissance. Ainsi
l'Europe entière se trouvait partagée en deux zones :
l'une vouée au passé, l'autre à l'avenir.

101. Le fait suivant donnera une idée des haines
féroces soulevées par la Réforme. Lors du séjour des
troupes de Charles-Quint à Wittenberg, en 1547, il y
eut un soldat qui donna deux coups de poignard à
l'effigie de Luther, dans l'église du château, Ce fut le
signal d'une recrudescence de haine religieuse. Les
Espagnols sollicitèrent instamment l'empereur de leur
permettre d'abattre cette effigie du grand hérétique,
ils le supplièrent de leur accorder la faveur de démolir
son tombeau, de déterrer son cadavre, de le brûler,
d'en jeter les cendres aux quatre coins du ciel. Mais
Charles défendit, sous peine du dernier supplice, de rien
attenter de cette nature; il répondit fort sagement :
« Je n'ai rien à démêler avec Luther, il a désormais un
juge dont il ne m'est pas permis d'usurper la juridiction. Sachez que je fais la guerre, non pas aux morts,
mais aux vivants qui ont encore les armes en mains
contre moi (124) ».

102. Les réformateurs nient l'existence du sacrement
de mariage, et pour éviter désormais les abus résultant
des unions clandestines, proclament la nullité du mariage des mineurs fait sans le consentement des
parents. Comme conséquences, aucune juridiction n'est

---

(124) Pierre Bayle, *Dict. historique et critique*, V° Luther,
p. 233.

reconnue aux juges d'Eglise, en matière matrimoniale ;
ensuite, l'indissolubilité du mariage n'étant plus adoptée
comme une règle absolue, le divorce fut admis pour
causes déterminées : l'adultère et l'abandon malicieux.

103. Le mariage est considéré comme un contrat,
ordonné par Dieu. On maintient donc l'élément religieux. La bénédiction nuptiale, si elle n'est pas indis-
pensable pour la validité de l'union, est un pieux usage
qui doit se généraliser. Au cas où il serait impossible de
la célébrer, par suite de persécutions par exemple, il
est recommandé aux fidèles de la remplacer par la
lecture de la liturgie du mariage. Toutefois, le pouvoir
civil a le droit d'établir des règlements de police sur les
formes du contrat et les sujets devront s'y soumettre,
en tant qu'ils ne seront pas contraires à la parole de
Dieu, dont l'autorité est supérieure à celle du souverain (125).

104. *Edits de pacification*. — Les premières idées
de la tolérance civile, bien différente de la tolérance
religieuse, durent naître de l'inefficacité des supplices.
Le moyen d'adoucir la rigueur des peines décernées
contre les hérétiques était d'en laisser le jugement aux
cours ecclésiastiques, lesquelles ne peuvent prononcer
que des peines spirituelles : les aumônes et les prières.

C'est la TOLÉRANCE CIVILE, le premier pas vers la
liberté de conscience, qui fait son apparition au milieu
de la société française. On donne aux évêques le jugement d'hérésie. Nulle peine indiquée que la mort. La
répression semble être d'une sévérité extrême, c'est ce

---

(125) E. BONIFAS, *Le mariage des protestants depuis la Réforme
jusqu'à 1789*, pp. 21-23 (Thèse). Paris, 1901.
Nous devons la communication de cette intéressante thèse au
professeur qui a présidé la séance, M. André Weiss ; neus réité-
rons ici à notre ami tous nos remercîments.

qu'on montrait à l'Espagne. Mais la connaissance du crime étant enlevée aux Parlements, et la peine de mort ne pouvant être prononcée par l'Eglise seule, les protestants n'avaient à craindre que les punitions canoniques.

105. Ce fut sans doute dans cet esprit de modération que le Parlement de Paris, en faisant des rémontrances sur l'édit du 28 novembre 1549, attribuant la connaissance du crime d'hérésie aux juges royaux et ecclésiastiques concurremment, demanda « que, pour le regard
» des juges royaux, la concurrence fut entendue, quant
» à l'information et au décret seulement, à la charge
» que le juge royal, après l'interrogatoire, serait tenu
» de rendre l'accusé au juge d'église pour connaître et
» juger du dit crime d'erreur ou hérésie simple, procé-
» dant plus d'ignorance, erreur, infirmité et fragilité
» humaine, légèreté et lubricité de la langue de l'accusé
» que de vraie malice de se séparer de l'union de
» l'Eglise. »

106. Cette distinction était trop lumineuse pour n'être point adoptée par le chancelier Michel de l'Hospital, surtout dans un moment où les Guise proposaient de livrer la nation aux bourreaux de l'Inquisition. L'ordonnance du mois de mai 1560 qu'il fit rendre à Romorantin « délaisse l'entière connaissance de tout crime d'hé-
» résie aux prélats du royaume, les admonestant de
» faire résidence dans leurs diocèses, et par leurs
» bonnes mœurs, exemple de bonne et sainte vie, prière,
» oraisons, prèchement et persuasion, réduire ceux qui
» sont en erreur à la voie de la vérité. »

107. Lors de la réunion des Etats-Généraux à Orléans, le 13 décembre 1560, ce grand chancelier, désireux de tarir la source des querelles religieuses, proposa la convocation d'un concile national : *Tu dis que ta religion*

*est meilleure, je défends la mienne. Lequel est le
plus raisonnable que je suive ton opinion ou toy la
mienne? Ou qui en jugera, si ce n'est un suinct concile? Cependant ne remuons rien légèrement, ne
mettons la guerre à nostre royaume par sédition, ne
brouillons et confondons toutes choses.* L'Hospital
insista beaucoup sur l'emploi des moyens de douceur à
l'égard des Luthériens : *Regardez comment et avec
quelles armes vos prédécesseurs, anciens pères, ont
vaincu les hérétiques de leur temps ; nous devons
par tous les moyens essayer de retirer ceulx qui
sont en erreur et ne faire comme celuy qui voyant
l'homme ou beste chargée dedans le fossé, au lieu de
la retirer, luy donne du pied ; nous la devons ayder
sans attendre qu'on nous demande secours. Qui fait
autrement est sans charité : c'est plus haïr les
hommes que les vices. Prions Dieu incessamment
pour eulx et faisons tout ce que possible nous sera
tant qu'il y ait espérance de les réduyre et convertir:
la douceur profitera plus que la rigueur. Ostons ces
mots diaboliques, noms de parts, factions et séditions, luthériens, huguenots, papistes : ne changeons
le nom de Chrestien* (126).

108. A la seconde séance des Etats-Généraux, tenue
également à Orléans, le 1er janvier 1560 (127), le
seigneur de Rochefort prit la parole, au nom de la
noblesse, et après avoir fait l'éloge de son ordre, se
plaignit que la justice fût passée aux mains du clergé :
*Le prêtre doit regarder à son état qui est de prier
Dieu et non de courir le long des rues pour sollici-
ter, s'embrouiller des affaires temporelles et du*

----

(126) *OEuvres de L'Hospital*, par DUFEY DE L'YONNE, t. I,
pp. 375, 399, 401.

(127) Il y a lieu de remarquer qu'à cette époque, l'année ne
commençait qu'à Pâques.

monde, qu'il ne soit scandale ou fable au peuple, et n'entreprenne des querelles au lieu de chercher et moyenner la paix et se doit contenter d'un revenu pour son entretenement et faire son devoir pour la charge qu'il a prise de prier Dieu, prêcher, enseigner et administrer les autres comme lumières et soleils de la terre.

109. Dans l'espoir « d'apaiser et faire cesser toutes les séditions et tous les troubles provoqués par la malice du temps et la diversité des opinions qui règnent en la religion », le chancelier L'Hospital fit signer par le jeune roi Charles IX, à Saint-Germain-en-Laye, le 17 janvier 1561 (enreg. au Parl. le 6 mars), une déclaration « sur la répression des troubles nés à l'occasion de la religion réformée » (128).

Pour entretenir ses sujets en paix et concorde, « en attendant que Dieu lui fasse la grâce de les pouvoir réunir et remettre en une même bergerie », le roi y garantit aux réformés le libre exercice de leur religion. Il fait défense à tous juges, magistrats et autres personnes que lorsque ceux de la dite religion nouvelle, iront, viendront et s'assembleront pour le fait de leur dite religion, ils n'aient pas à les y empêcher, inquiéter, molester, ni leur courir sus en quelque sorte et manière que ce soit (art. 4).

Les religionnaires seront tenus d'observer les lois politiques, même celles qui sont reçues en l'église catholique, en fait de fêtes et jours chômables et de *mariage* pour dégrès de consanguinité et affinité (art. 9).

Les protestants restaient donc soumis à la même législation que les catholiques, c'est-à-dire qu'aucune formalité, ni aucune cérémonie religieuse n'était nécessaire pour la validité de l'union conjugale ; il suffisait d'un

---

(128) ISAMBERT, t. XIV, p. 124.

2

simple échange de consentements, ainsi que nous l'avons exposé plus haut (nᵒˢ 15 et 27).

110. L'édit de pacification du 19 mars 1562 (129), permet à chacun de vivre et demeurer partout en sa maison librement, sans être recherché, ni molesté, forcé, ni contraint pour le fait de sa conscience ; mais la loi fut presque aussitôt violée qu'accordée. Le parti dominant au Conseil, dirigé par le cardinal de Lorraine et le duc de Guise, chercha à provoquer la révocation de l'édit et à faire arrêter le prince de Condé et l'amiral de Coligny (130). Le plan de la reine mère, Catherine de Médicis, était d'exterminer tous les calvinistes. Elle commença par écarter du Conseil le chancelier L'Hospital, qui, obligé de remettre les sceaux à Morillier, se retira dans ses terres (131). La deuxième guerre civile éclate,

---

(129) ISAMBERT, t. XIV, p. 137.

(130) MICHELET a fait de Coligny le beau portrait que voici : « L'œil gris, pensif, contient toutes les souffrances du temps. Ce « qu'il a vu cet œil, de douloureux, d'horrible, qui le dira? Il l'a « vu comment? Non pas en général, de haut, mais dans l'affreux « détail, avec le positif d'un esprit à qui rien n'échappe, qui a « sondé à mort les misères et les hontes de son propre parti » (*Histoire de France*, t. IX, p. 340).

(131) Michel de L'Hospital fut suspendu de fait le 24 mai 1568, démissionnaire avec les honneurs et émoluments, le 1ᵉʳ février 1573, mort le 13 mars suivant. Il fut remplacé provisoirement par Jean de Morillier, garde des sceaux sans commission. Michelet semble n'avoir compris qu'imparfaitement ce beau caractère, cet esprit si élevé. Voici comment il s'exprime : « Légiste, homme de lettres et grand faiseur de vers latins, panégyriste facile des grands, à la mode italienne. C'était un homme absolument nouveau de la magistrature et qui avait cheminé sous terre. Personne ne devinait qu'il fut très honnête et très bon, excellent citoyen. Il était fils d'un médecin, d'un proscrit qui avait suivi le connétable de Bourbon. Le malheur et l'exil l'avaient fort aplati ; au dehors seulement, car le cœur était admirable. Plus que sage et plus que prudent, il était secrètement favorable aux réformés et pourtant le cardinal de Lorraine le croyait son homme ». (*Hist. de France*, t. IX, p. 204.)

on se bat à Saint Denis, à Jarnac, on fait le siège de Poitiers. La *petite paix* intervint par la Déclaration du 23 mars 1568 « pour la pacification des troubles du royaume » ; elle ne dura que quelques mois. Les hostilités recommencèrent au mois de septembre ; la publication de l'édit « qui défend de professer publiquement d'autre religion que la religion catholique, » déclare que les mesures de tolérance des édits précédents avaient été arrachées à la reine mère, *qui pour lors n'estait la plus forte et contre son opinion laquelle a toujours esté chrestienne*. Il est enjoint aux ministres de la religion réformée de sortir du royaume dans la quinzaine de la publication, sous peine de confiscation de corps et de biens.

III. Un deuxième édit du 25 du même mois exclut de l'Université et des offices de judicature les membres de la religion réformée. La persécution religieuse va en croissant ; les protestants se lèvent en armes dans les provinces, sous les ordres de Soubise, Montmorency, le vidame de Chartres, Dandelot et autres gentilshommes de leur parti. Le plus grand nombre se réfugie à La Rochelle sous le commandement du prince de Condé. La guerre dure jusqu'au mois d'août 1570, époque à laquelle fut rendu l'édit de pacification des troubles du royaume. Le roi ordonne l'oubli des querelles qui ont divisé le pays ; il permet le libre exercice de la religion, excepté à la cour et aux environs à deux lieues de circonférence ; il accorde une amnistie générale et la restitution des biens confisqués. Charles IX devenu l'époux d'Elisabeth d'Autriche, marie sa sœur à Henri de Béarn, plus tard Henri IV. Néanmoins le chancelier de L'Hospital ne fut pas rappelé et le parti catholique continua de dominer au Conseil. La paix fut enfin rompue d'une manière tragique, le 24 août 1572, par les massacres de la Saint Barthélemy.

112. Le 30 mai 1574, Charles IX meurt à l'âge de
24 ans et reçoit comme successeur, son frère le roi de
Pologne, grand duc de Lithuanie, lequel est sacré et cou-
ronné à Reims, le 15 février 1875, sous le nom de
Henri III.

Un édit de mai 1576, « sur la pacification des troubles
du royaume, les protestants, les religionnaires fugi-
tifs, etc. » assure de nouveau le libre exercice de la
religion réformée (132). Il y est fait défense de rechercher ou molester les prêtres et personnes religieuses, à
raison de mariage qu'ils auraient pu contracter, « impo-
sant sur ce, silence aux procureurs généraux et autres
officiers ».

Néanmoins, les enfants issus des dits mariages peuvent succéder seulement « aux meubles, acquêts et con-
quêts, immeubles de leurs pères et mères, ne voulant
que les dits religieux et religieuses profès puissent
venir à aucune succession directe ni collatérale » (art. 9).

Le roi renouvelle l'obligation imposée antérieurement
aux réformés de « garder les lois reçues en l'église
catholique, pour le fait des mariages contractés et à contracter, ès degrés de consanguinité et affinité, pour éviter
aux débats et procès qui s'en pourraient ensuivre, à la
ruine de la plupart des bonnes maisons du royaume et
dissolution des liens d'amitié qui s'acquièrent par mariages et alliances entre les sujets. » Il n'est pas permis de
révoquer en doute « les mariages faits en tiers ou quart
degré ». Pour juger de la validité du mariage « fait par
ceux de la dite religion, si celui d'icelle est défendeur,
en ce cas le juge royal connaîtra du fait du dit mariage,
et où il serait demandeur et le défendeur catholique, la
connaissance en appartiendra à l'official et juge ecclésiastique » (art. 10).

---

(132) ISAMBERT, t. XIV, p. 280.

Henri III y déclare à l'article 32 que « les désordres et excès faits le 24 août et jours ensuyvans (Saint Barthélemy) sont advenus à son très-grand regret et déplaisir » (133).

113. En septembre 1577, un nouvel édit confirme en grande partie l'édit précédent, mais le roi conclut en outre à Bergerac, avec les chefs protestants, un traité secret, validant le mariage des prêtres qui avaient violé leurs vœux, tout en maintenant le principe et il leur accorde plusieurs autres avantages que la crainte de blesser la ligue l'empêcha de publier. Ces articles furent reconnus plus tard, dans la Déclaration du 14 mars 1579, faite à la suite du traité conclu le dernier février précédent entre la reine-mère et le roi de Navarre (134).

114. Intervint, en novembre 1579, l'ordonnance de Blois dont l'article 40 ordonne que les sujets du roi, *de quelque état, qualité et condition qu'ils soient*, ne pourront valablement contracter mariage, sans proclamation de bans, etc. Malgré la généralité apparente de ces termes, les religionnaires peuvent contracter un mariage valable, sans être obligés de se présenter devant le curé ; ils n'ont qu'à se marier *à leur façon accoutumée*, soit en faisant bénir leur union par leurs ministres (à la mode de Genève), soit en se passant même de toute formalité religieuse (135). La preuve de cette

---

(133) Au témoignage de l'historien Antequil (*Esprit de la ligue*, I, 285), Henri assista cependant au conseil tenu par Charles IX, dans lequel le massacre fut résolu. — Selon Voltaire, ce furent Philippe II, le Vatican, Charles IX, Catherine, les de Guises, tout le catholicisme, en un mot, qui s'entendirent pour préparer de loin ce grand massacre. (*Le massacre de la Saint Barthélemy*, Rev. Britannique, 1836, t. I, p. 106.)

(134) ISAMBERT, t. XIV, pp. 330, 377.

(135) L. BEAUCHET, *Nouv. Rev. Hist.*, 1882, p. 653 ; E. BONIFAS, *op. cital.*, p. 48.

exception résulte avec force de l'édit de Nantes, dont l'article 23 oblige seulement ceux de la religion réformée à garder les lois de l'Eglise catholique relativement aux degrés de consanguinité et d'affinité. C'est donc reconnaître que les autres lois de l'Eglise demeurent étrangères aux dits réformés.

115. *Edit de Nantes*, 1598. — Les luttes sanglantes, barbares (136), engendrées par les querelles religieuses, firent place à un immense désir de paix. Le cri devint général : la paix à tout prix. « Tout ce que je désire », écrit Etienne Pasquier, « est une paix, c'est la première, la seconde, c'est la dernière partie de mes opinions. Je souhaite une bonne paix » (137). *La paix! Bénis soient ceux qui la procurent et la demandent,* s'écriait en 1593, un peuple amassé pour voir sortir de Paris les catholiques modérés allant conférer avec les catholiques du parti du roi.

L'impuissance des guerres de religion finit par convaincre les esprits les plus passionnés de la nécessité de la tolérance. Henri IV arriva à son heure; il se fit l'organe de ce besoin universel (138). Politique clairvoyant, il y vit la seule condition du salut de la France. Dès son avènement au trône, le 2 août 1589, tous ses efforts tendent à rétablir l'ordre et la paix. Au mois d'avril 1598, secondé par son chancelier Cheverny, il promulgua à Nantes le fameux édit (suivi des articles secrets), sous la protection duquel les protestants

---

(136) Les querelles de théologiens sont devenues des guerres de cannibales; elles rendirent la fin du XVIe siècle affreuse (Voltaire, *Essai*, ch 128).

(137) Pasquier, *op. cit.*, X, 6.

(138) Déjà, en 1577, il écrivait : « Je désire tant le repos et paix de ma patrie que je ferai mentir tous ceux qui m'ont voulu calomnier et faire entendre le contraire » (*Lettres de Henri IV*, t. I, p. 147).

vécurent jusqu'à sa révocation, par Louis XIV, en octobre 1685 (139).

116. Henri IV commence par rendre grâces à Dieu de lui avoir donné la vertu et la force de résister aux effroyables troubles et désordres qui, lors de son avènement au trône, déchiraient le royaume. Il est de son devoir et pouvoir de parfaire l'œuvre de paix et de tranquille repos. Les derniers troubles ayant donné de nouvelles appréhensions relativement à l'exercice de la religion des réformés, la liberté de leurs consciences et la sûreté de leurs personnes et fortunes, il estime ne pouvoir mieux employer le repos qu'il a plu à Dieu de lui accorder, qu'à vaquer à ce qui peut concerner la gloire de son saint nom et service et pourvoir qu'il puisse être adoré et servi par tous ses sujets.

Pour ces causes, déclare et ordonne :

1° Que la mémoire de toutes choses passées, depuis le commencement du mois de mars 1585 jusqu'à son avènement à la couronne, demeure éteinte et assoupie, comme de chose non avenue, avec défense aux procureurs généraux d'en faire mention ou poursuivre à raison des faits survenus lors des dits troubles ;

2° Que ses sujets, de quelque état et qualité qu'ils soient, ne peuvent s'attaquer ni s'injurier, ni se provoquer l'un l'autre par reproche de ce qui s'est passé, mais doivent se contenir et vivre paisiblement ensemble comme frères, amis et concitoyens, sous peine d'être punis comme infracteurs de paix et perturbateurs du repos public ;

3° Que la religion catholique, apostolique et romaine sera remise et rétablie en tous lieux et endroits du royaume.

---

(139) Isambert, t. XV, pp. 170, 200.

L'article 6 permet à ceux de la dite religion prétendue réformée de « vivre et demeurer par toutes les villes et lieux du royaume sans être enquis, vexez et molestez ny adstraints à faire chose par le faict de la religion contre leur conscience, ne pour raison d'icelle estre recherchez ès maisons et lieux où ils voudront habiter, en se comportant au reste, selon qu'il est contenu en notre présent édict. »

117. Aux termes de l'article 23, « ceux de la dite religion prétendue réformée seront tenus de garder les lois de l'église catholique, apostolique et romaine, reçues en cestuy nostre royaume pour les faicts de mariages contractez et à contractez ès degres de consanguinité et affinité. »

Mais l'article 40 des articles secrets, dérogeant au droit canon, leur permet de s'unir « au tiers ou quart degré ». La prohibition n'existait plus qu'en second degré ou de second au tiers (entre cousins germains et sous-germains). Pour contracter à ces degrés, il fallait une dispense. Comme on avait attribué au pouvoir séculier tous droits sur cet objet pour le mariage des protestants, c'est le souverain qui se réserve la faculté d'accorder la dispense, scellée par le chancelier (140).

---

(140) « Sa dite majesté ne veut aussi que ceux de la dite religion, qui auront cy-devant contracté ou contracteront cy-après mariages au tiers et quart degré, en puissent être molestez, ni la validité des dits mariages révoquée en doute ; pareillement la succession ôtée ni querellée aux enfants, nez ou à naître d'iceux ; et quant aux mariages qui pourraient être jà contractez en second degré, ou du second au tiers entre ceux de la dite religion, se retirans devers sa dite majesté, ceux qui seront de la dite qualité, et auront contracté mariage en tel degré, leur seront baillées telles provisions qui leur seront nécessaires, afin qu'ils n'en soient recherchez ni molestez, ni la succession querellée ni débattue à leurs enfans ». ISAMBERT, t. XV, p. 206. — MALESHERBES, *Second mémoire sur le mariage des protestants*, p. 132. (Paris, 1786.)

118. Le 41e article confirme la règle de compétence et attribue aux juges royaux la connaissance des mariages entre réformés. Si l'une des parties était catholique et l'autre religionnaire, le tribunal compétent était celui du défendeur, selon le cas donc, l'official ou le juge royal (141).

Il est établi au Parlement une chambre composée d'un président et de seize conseillers, laquelle sera appelée et intitulée la Chambre de l'édit, et connaîtra des causes et procès des réformés (art. 30).

119. Une ère nouvelle semble s'ouvrir pour la France. La législation relative au droit matrimonial ne cesse de s'améliorer en faveur des protestants. Une grande tolérance s'établit et fréquentes sont les alliances entre catholiques et réformés, malgré les dispositions sévères des consistoires interdisant les unions mixtes.

Le mariage de Mme Catherine, sœur unique du roi Henri IV, avec le marquis du Pont, prince de Lorraine, duc de Bar, avait été différé sur les difficultés de savoir comment il serait solennisé, si ce serait à l'église catholique ou par des ministres de la religion réformée. Un dimanche matin, le dernier jour de janvier 1599, le roi commanda à Monsieur l'Archevèque de Rouen de les unir en son cabinet par paroles de présent. Sur le refus qu'il en faisait, alléguant que les ordonnances défen-

---

(141) « Pour juger de la validité des mariages faits et contractés par ceux de la dite religion et décider s'ils sont licites, si celui de la dite religion est défendeur, en ce cas le juge royal connaîtra du fait du dit mariage, et où il serait demandeur et le défendeur catholique, la connaissance en appartiendra à l'official et juge ecclésiastique; et si les deux parties sont de la dite religion, la connaissance appartiendra aux juges royaux; voulant sa dite majesté que pour le regard des dits mariages, et différends qui surviendront pour iceux, les juges ecclésiastiques et royaux, ensemble les chambres établies par son édit, en connaissent respectivement » (ISAMBERT, t. XV, p. 207).

daient d'admettre au sacrement de mariage les parties, sans y observer les solennités accoutumées, Sa Majesté repartit que sa présence suppléait à tout autre solennité et que son cabinet était un lieu sacré : et sur ce, le dit sieur Archevêque, ouï le consentement des mariés, leur donna la bénédiction nuptiale, en présence et à la réquisition du roi (142). PIERRE DE L'ESTOILE rapporte que le dimanche précédent avaient été publiées « les premières annonces du mariage d'entre Madame, sœur du Roy, et le marquis du Pont, fils aisné de M. de Lorraine. Pour Madame, elles furent faites en sa maison, au commencement du presche qui s'y fist, qui estait en sa paroisse ; pour le prince de Lorraine, dans l'église de St-Germain l'Auxerrois » (143).

120. Sous le règne de Henri IV, les protestants jouissent d'un régime privilégié; ils se marient devant les pasteurs et ne sont tenus d'observer les prescriptions de l'église romaine que pour les empêchements de consanguinité et d'affinité ; même ces empêchements sont restreints, en leur faveur. Pour la publication des bans et la tenue des registres, les ministres sont assimilés aux curés.

121. Le mariage étant considéré comme contrat civil, il eut été logique de donner au magistrat les fonctions purement civiles de recevoir l'engagement et de tenir les registres de mariage.

Il se conçoit que par un sentiment de piété, le souverain (devenu catholique) n'enlevait pas ces fonctions aux

---

(142) FEVRET, *Traité de l'Abus*, t. II, p. 3 (1778); en note : « *Sunt superis sua jura*. C'est ainsi qu'un testament est valable sans y garder les formalités ordinaires, lorsqu'il est fait en présence du prince, *quæ omnem supplet ulteriorem solemnitatem.* »

(143) *Mémoires-journaux* de PIERRE DE L'ESTOILE, t. VII, p. 163 (d'après E. BONIFAS, p. 29).

curés, représentants de la religion dominante. Mais quelle raison y avait-il d'attribuer ces mêmes fonctions aux représentants d'une religion que l'on tolérait, parce qu'on n'avait pu la détruire ?

Si l'on en croit MALESHERBES, Henri IV désirait « augmenter l'autorité des pasteurs pour diminuer celle des guerriers. » Il était prudent de ne pas mécontenter les généraux qui conduisaient les Huguenots à la guerre, ni les ministres qui présidaient à l'exercice de la religion. Il valait mieux, pour la pacification, accroître l'influence des chefs religieux, en étendant leurs attributions (144).

122. A ce mariage nouveau, ce mariage-*contrat*, ne pouvait plus s'appliquer une législation matrimoniale faite pour un mariage-*sacrement*.

Il se forma donc graduellement un droit ecclésiastique réformé. Sur ce point, les réformateurs innovèrent peu. Les règles furent établies, d'après l'écriture sainte, par les synodes et les autres corps ecclésiastiques. Les résultats de leurs délibérations furent consignés dans la compilation, connue sous le nom de *Discipline ecclésiastique des églises réformées de France.*

123. Il n'existe aucune prescription sur l'âge. Il semble qu'à cet égard, les consistoires se montraient encore moins exigeants que le clergé catholique, ils toléraient les mariages d'enfants. Les Mémoires-Journaux de PIERRE DE L'ESTOILE renseignent le mariage, à Charenton, de la fille de M. le comte de Crequy, âgée de neuf à dix ans seulement avec le marquis de Rosni, fils de M. le duc de Sully (145).

---

(144) MALESHERBES, *Mémoire sur le mariage des protestants,* p. 33 (1785); BONIFAS, p. 52.
(145) BONIFAS, p. 27.

124. Le droit canon considère comme simple empêchement prohibitif, le mariage entre personnes de culte différent, pourvu que l'hérétique ait été baptisé. Le baptême, étant la porte des sacrements, il s'ensuit qu'il ne peut y avoir de sacrement de mariage entre gens qui ne sont pas baptisés. Les protestants n'admettaient aucune distinction de ce genre et interdisaient d'une manière absolue les mariages mixtes, ou, comme on les appelait, les mariages *bigarrés*.

125. Depuis la mort de Henri IV jusqu'à l'avènement de Louis XIV, aucune entrave n'est apportée au mariage des réformés.

En 1629, Louis XIII confirme à Nîmes toutes les lois qui assuraient à ceux qui professaient la religion P. R., leur culte, leur état et leur légitimité. Les prescriptions de la Déclaration de 1639, obligeant les partis à s'unir publiquement dans les liens du mariage, suivant la forme pratiquée à l'Eglise (voyez n° 68), ne sont pas appliquées aux réformés. De plus, la jurisprudence tenait compte des déclarations de mariages consignées sur les registres des ministres, bien qu'aucune loi ne leur accordât la force probante (146).

126. Les questions relatives au lien matrimonial se traitaient devant des tribunaux ecclésiastiques, appelés *Consistoires*. L'appel de leurs jugements était réservé au Prince et aux membres de son Conseil. Par les traités de paix, quelques-uns de ces consistoires ont été conservés en France (147). Ils décidaient des causes matrimoniales suivant leur discipline. Ainsi, ils prononçaient

---

146) BONIFAS, p. 53.

(147) Pour les détails, voyez LE RIDANT, *Code matrimonial*, p. 449 (Paris, 1770).

le divorce pour cause d'adultère ou de désertion mali-
cieuse (148).

127. Ces pratiques finirent par porter ombrage au
clergé français. Par arrêt du Conseil d'Etat du 18 septembre 1664, « fait, Sa Majesté défenses aux ministres,
consistoires, colloques et synodes de la dite religion P.
R., d'entreprendre de juger de la validité des mariages
faits et contractés par les dits de la religion P. R., ni
décider s'ils sont licites que conformément à l'article 40
des particuliers de l'édit de Nantes. » (149).

Quelques jours plus tard intervient un nouvel arrêt,
du 22 septembre, obligeant les pasteurs de tenir registre
des baptêmes et des mariages et d'en fournir de trois en
trois mois un extrait au greffe des bailliages. On y
insère, *in fine*, une défense aux dits « ministres de faire
aucun mariage entre catholiques et réformés, lorsqu'il
y aura opposition, jusqu'à ce que la dite opposition ait
été vidée. » (150).

128. Les prétentions du clergé suivent la marche
usuelle, en augmentant elles deviennent plus pressantes
Dès l'année 1665, le roi est très humblement supplié de
réformer l'abus qu'entraînaient les unions entre catholiques et protestants (151).

Enfin, en 1680, lors d'une réunion à Saint-Germain-
en-Laye, le roi est de nouveau très humblement supplié

---

(148) On ne s'accordait pas sur les causes légitimes de divorce.
Suivant CALVIN, il y a quatre causes de divorce : l'adultère, la
longue absence, le *disparitas cultus* et l'incompatibilité d'humeur.
D'autres y ajoutaient les sevices et mauvais traitements, le refus
obstiné de ce que les conjoints se doivent l'un à l'autre (BONIFAS,
p. 35).

(149) *Mémoires du clergé*, t. I, p. 1326. Pour le texte de l'article 40, voyez n° 117 ci-dessus.

(150) *Mémoires du clergé*, t. I, p. 1356.

(151) *Recueil des Remontrances du clergé*, p. 718.

de déclarer nuls pareils mariages et, au mois de
novembre de la même année, Colbert fait publier un
édit « portant défenses aux catholiques de contracter
mariage avec ceux de la religion prétendue réformée »
(*Code matrimonial*, p. 131).

Les canons des conciles ayant condamné les mariages
des catholiques avec les hérétiques, comme un scandale
public et une profanation du sacrement, le roi estime de
toute nécessité d'y former obstacle ; il reconnaît que la
tolérance de ces mariages expose ses sujets à une
tentation continuelle de se pervertir. En conséquence, à
l'avenir, les sujets de la religion catholique, apostolique
et romaine ne peuvent, sous quelque prétexte que ce
soit, contracter mariage avec ceux de la religion prétendue réformée ; tels mariages sont déclarés non valablement contractés et les enfants à naître, réputés
illégitimes.

129. *Révocation de l'édit de Nantes*, 1685. — La
religion protestante est proscrite et l'exercice de cette
religion, prohibé. Louis XIV permet seulement aux
protestants, « *qui ne s'étaient point encore convertis
de demeurer dans le royaume, d'y faire leur commerce et d'y jouir de leurs biens, en attendant qu'il
plût à Dieu de les éclairer.* »

Les lois ne leur donnent plus une forme particulière
pour se marier, elles ne veillent plus d'une manière
directe sur leurs mariages. Aucune loi toutefois ne les
oblige de se marier *en face de l'Église*, comme les
catholiques. Mais s'ils peuvent rester dans le royaume,
y jouir de tous les droits attachés à la liberté civile,
peuvent-ils, à plus forte raison, y jouir de la liberté
naturelle de se marier au gré de leur conscience, que le
souverain n'avait point l'intention de forcer ? Dès lors,
tout mariage contracté de bonne foi entre protestants

n'est-il pas valide, pourvu qu'il fût d'ailleurs conforme aux principes de la bonne morale et que le droit commun et des gens eût été respecté? C'est ce que des jurisconsultes éminents n'hésiteront pas à soutenir un siècle plus tard (152).

130. Le roi, après avoir supprimé et révoqué l'édit de son aïeul du mois d'avril 1598, en toute son étendue, ensemble les articles particuliers arrêtés le 2 mai ensuivant, déclare :

« Voulons et nous plaît, que tous les temples de ceux de la dite religion prétendue réformée, situés dans notre royaume, pays, terres et seigneuries de notre obéissance soient incessamment démolis.

« Défendons à nos dits sujets de la religion prétendue réformée, de plus s'assembler pour faire l'exercice de la dite religion, en aucun lieu ou maison particulière, sous quelque prétexte que ce puisse être, même d'exercices réels ou de bailliages, quand bien les dits exercices auraient été maintenus par des arrêts de notre conseil.

« Enjoignons à tous ministres de la religion prétendue réformée, qui ne voudraient pas se convertir et embrasser la religion catholique, apostolique et romaine, de sortir de notre royaume et terres de notre obéissance, quinze jours après la publication de notre présent édit, sans pouvoir séjourner au-delà, ni pendant le dit temps de quinzaine faire aucun prêche, exhortation, ni autre fonction, à peine de galères.

« A l'égard des enfants qui naîtront de ceux de la dite religion prétendue réformée, voulons qu'ils soient dorénavant baptisés par les curés des paroisses.

« Enjoignons aux pères et mères de les envoyer aux

---

(152) Voyez notamment la consultation de PORTALIS (en 1770), dont il sera parlé plus loin, *sur la validité des mariages des protestants en France.*

églises à cet effet là, à peine de 500 livrés d'amende et de plus grande, s'il y échet. Et seront ensuite les enfants élevés en la dite religion catholique, apostolique et romaine, à quoi nous ordonnons bien expressément aux juges des lieux de tenir la main.

« Pourront au surplus les dits de la religion prétendue réformée, en attendant qu'il plaise à Dieu de les éclairer comme les autres, demeurer dans les villes et lieux de notre royaume, pays et lieux de notre obéissance, et y continuer leur commerce et jouir de leurs biens, sans pouvoir être troublés ni empêchés sous prétexte de la dite religion prétendue réformée, à condition, comme dit est, de ne point faire d'exercice, ni de s'assembler sous prétexte de prières ou de culte de la dite religion, de quelque nature qu'il soit, sous les peines de confiscation de corps et de biens. »

131. La révocation de l'édit de Nantes et les faits postérieurs déterminèrent la plupart des protestants à quitter leur patrie et à se réfugier à l'étranger (153). Les émigrations devenaient de jour en jour plus fréquentes, elles menaçaient l'Etat et l'affaiblissaient sensiblement; il fallut remédier au mal et prévenir une désertion générale.

Le prince, par une loi expresse — la Déclaration du 13 septembre 1699 — défendit à tous sujets encore engagés dans la religion prétendue réformée de sortir à l'avenir du royaume, sous peine, pour les hommes, des galères à vie, et pour les femmes, d'être recluses dans les lieux qui seraient ordonnés par les juges.

Le souverain laisse pourtant subsister les institutions

---

(153) Des huguenots français fondèrent, dans l'Amérique du Nord, la ville de New-Rochelle (E. STOCQUART, *L'organisation judiciaire de New-York au XVIIe siècle, ses premiers colons et la fondation de New-Rochelle*, BELG. JUD., 1900, col. 1297).

religieuses sur le mariage, sans établir aucune forme particulière pour les protestants *non réunis à l'Eglise.* Mais il ne déclare pas formellement qu'il entend désormais les soumettre à des lois qui, jusque là de son aveu, leur avaient été étrangères.

Il paraît même fort éloigné de faire une disposition pareille, puisque l'article 15 de la Déclaration du 14 mai 1724, qui est la dernière loi portée sur cette matière, n'ordonne l'exécution expresse des ordonnances, édits et déclarations sur le fait des mariages, qu'aux catholiques et aux sujets nouvellement réunis à la foi catholique (154).

On n'y voit aucune mention des mariages de ceux qui n'ont pas encore ouvert les yeux à la vérité et dont on ne pouvait pourtant à cette époque se dissimuler ni l'existence, ni le nombre.

132. Un usage qui s'établit assez généralement fut de faire bénir les unions *solo consensu* par les vieillards, chefs de famille, en attendant la bénédiction nuptiale par quelque ministre caché. A partir de 1715, dans le midi surtout, les mariages se célèbrent devant les pasteurs, dans des assemblées tenues dans les bois et les campagnes. On les appela : mariages au *désert.*

Les conséquences de ces unions étaient souvent désastreuses ; leur validité, fort discutée, laissait en suspens l'état de plusieurs milliers de familles.

133. *Fin de l'Ancien Régime.* — Le clergé continuait à gouverner les consciences de toute la France.

---

(154) « Voulons que les ordonnances, édits et déclarations des rois, nos prédécesseurs, sur le fait des mariages, et nommément l'édit du mois de mars 1697 et la déclaration du 19 juin de la même année soient exécutés selon leur forme et teneur, par nos sujets nouvellement réunis à la foi catholique comme par tous nos autres sujets. »

Dans les villes où l'incrédulité avait occupé le plus d'esprits, il y avait peu de personnes en vue qui s'exemptassent franchement d'assister à la messe et de faire les communions exigées par l'Eglise.

De 1685, date de la révocation de l'édit de Nantes, jusqu'à la fin du règne de Louis XIV, il fut admis qu'il n'existait pas un hérétique dans le royaume et si quelqu'un se montrait, l'autorité le chassait comme une bête fauve. La Régence fut un moment plus tolérante. Cependant, dès 1717, une assemblée de 74 personnes ayant été surprise à Anduze, les hommes furent envoyés aux galères et les femmes emprisonnées pour la vie. Un arrêt du conseil du 22 avril 1723 ordonna l'entière démolition des lieux de réunion qui avaient pu être élevés récemment et la plantation d'une croix sur leurs débris. En 1762 fut exécuté, mais pour la dernière fois, un ministre de l'Evangile (155).

N'ayant plus aujourd'hui qu'une religion en France, écrit POTHIER, les mariages n'y pouvant être valablement contractés qu'en face d'Eglise, et les personnes qui les contractent étant par conséquent présumées catholiques, l'édit de novembre 1680, ne peut plus avoir aujourd'hui d'application (156).

134. Les philosophes du XVIIIe siècle dégageant de plus en plus l'idée de liberté de conscience, proclament le droit de contracter mariage, commun et applicable à tous les hommes, sans distinction de croyances. Afin de donner satisfaction à tous, des écrivains judicieux demandaient pour les protestants, la possibilité de s'unir légitimement, sans devoir faire acte d'adhésion apparente ou réelle à la religion catholique. TURGOT

---

(155) PAUL BOITEAU, *Etat de la France en* 1789, p. 218-219 (2e édition).

(156) POTHIER, *Traité du contrat de mariage*, n° 251.

défendait la tolérance civile dans le *Conciliateur* :
« Je ne prétends pas obliger les évêques à donner un
sacrement malgré eux ; c'est un bien dont je leur
laisserai toujours l'administration ; mais je voudrais que
ce ne fût ni le sacrement de baptême, ni celui du
mariage qui fixât l'état civil des citoyens » (157). Désireux d'assurer le respect de la liberté de conscience de
chacun, il semble préconiser, dans ce but, la séparation
de l'Eglise et de l'Etat.

135. MALESHERBES reprit ces idées dans ses deux
*Mémoires sur le mariage des protestants.*Il s'applique
à démontrer : 1º que le refus de l'état civil aux protestants n'avait jamais été dans l'intention de Louis XIV;
2º que la justice et l'ordre public étaient intéressés à
assurer aux non-catholiques la faculté de contracter
valablement mariage. Les attributions de l'Eglise en
cette matière ne pouvaient y faire obstacle, elles résul-
taient d'une concession de l'Etat pour tout ce qui con-
cernait l'engagement civil. La réforme devait consister
à établir une forme commune à tous les non-catholiques,
et pas uniquement particulière aux protestants ; il
fallait faire, en effet, que ceux-ci fussent « une secte
dans l'Eglise et non pas un parti dans l'Etat ».

136. Des jurisconsultes éminents, tel PORTALIS, comp-
taient sur un changement de jurisprudence. Ils sou-
tenaient que, d'après les lois existantes, le mariage
par simple échange de consentement des réformés était
valable. Dans une consultation, délibérée à Aix en
Provence, le 20 octobre 1770, PORTALIS et son ami
PAZERI, examinent, à la demande du duc de Choiseul,
alors ministre, la validité du mariage des protestants
en France.

---

(157) TURGOT, *OEuvres*, t. II, p. 698.

 Le mariage est un contrat du droit naturel, indépendant du sacrement qui le sanctifie ; il a pour but la
formation des familles qui composent la société ; il a
droit à la protection des lois, du moment qu'il n'a pas
été formé par caprice et qu'il a été publiquement contracté : la morale et l'ordre public l'exigent également
(158).

137. Dans un discours, tenu le 15 décembre 1778, à
l'assemblée des Chambres du parlement de Paris, M. DE
BRÉTIGNIÈRES estima à plus de 400,000 les mariages
célébrés au désert « source féconde de procès scanda-
leux » (159). Pareilles unions, célébrées par des ministres
rentrés en France au péril de leur vie, étaient desti-
tuées des effets civils. C'est ce qui faisait dire plus tard
au procureur général DUPIN, en 1841 : « Pour les protestants qui ne voulaient pas abjurer ou mentir à Dieu
et aux hommes, il n'y avait pas de famille. »

La jurisprudence plus humaine que les édits, avait
quelquefois égard à la possession d'état. L'avocat
général SERVAN venait de faire entendre sa voix ardente
dans son éloquent plaidoyer en faveur d'une femme

---

(158) *Discours, rapports et travaux inédits sur le code civil,
par Jean-Etienne-Marie Portalis,* p. 441 ; VOLTAIRE, auquel la
consultation fut communiquée, en porta un jugement flatteur :
« Ce n'est point là une consultation, c'est un véritable traité de
philosophie, de législation et de morale publique ». Ajoutons
que, au moment où PORTALIS fut consulté, il était âgé seulement
de 24 ans.

(159) Eloge de MALESHERBES, discours de rentrée de la cour
de cassation, *Réquisitoires, plaidoyers et discours prononcés par
M. Dupin,* t. IV, p. 119 ; BONIFAS, p. 129.

M. DE BRETIGNIÈRES demandait pour les réformés ce qu'on
accordait aux juifs dans toute l'étendue du royaume, ce que les
princes protestants ne refusèrent jamais aux catholiques, ni les
empereurs eux-mêmes aux chrétiens qu'ils persécutaient : un
moyen légal d'assurer l'état de leurs enfants.

protestante (160). Ce plaidoyer et la consultation de PORTALIS (161) exercèrent la plus grande influence sur la jurisprudence qui s'établit à cette époque (162) et qui eut pour dernier résultat l'édit de 1787.

138. Le désastre des finances de l'Etat appela au pouvoir le protestant Necker. En 1781, les hérétiques obtinrent que l'on tolérerait l'exercice de leur culte. En 1787, LA FAYETTE demanda aux notables de faire un pas de plus et de rendre aux protestants l'état civil. LA LUZERNE, évêque de Langres, appuya cette motion, en disant qu'il aimait mieux des temples que des prêches. Enfin, RULHIÈRE fut chargé d'écrire le mémoire célèbre qui a précédé l'édit de 1787. Dix-sept voix dans le Parlement de Paris protestèrent contre l'enregistrement de cet édit réparateur, mais l'ancien régime avait vécu.

L'état civil fut définitivement rendu aux protestants ; les juges civils sont autorisés, en cas de refus par les curés, à dresser leurs actes de naissances, de mariages et de décès.

Les institutions civiles et les institutions religieuses continuent à être intimement unies. Mais la loi morale se perfectionne dans les consciences d'élite, et à mesure qu'elle se perfectionne, tend à se détailler dans des règlements nouveaux. Des magistrats éminents et beaucoup de bons esprits reconnaissaient que ces institutions

---

(160) *Discours de M. Servan, avocat général, au parlement de Grenoble, dans la cause d'une femme protestante* (Genève et Grenoble, 1767); LE RIDANT, *op. cit.*, p. 857.

(161) « La bonne foi connue et constatée des conjoints doit suffir pour légitimer les mariages des protestants de France » (PORTALIS, *op. citat.*, p. 450).

(162) Sur la jurisprudence, voyez BONIFAS, p. 120, note 1. « Souvent des hommes parjures implorent le secours de la justice pour rompre des nœuds formés sous la bonne foi » (*Discours de de Brétignières au Parlement de Paris*).

pouvaient être séparées. Ils avaient demandé que l'état civil fût indépendant du culte. Ce changement rencontrait de grands obstacles.

139. *Edit de Louis XVI*, 1787. — Le 17 novembre 1787, l'édit « concernant ceux qui ne font pas profession de la religion catholique » est signé à Versailles. La forme civile du mariage est inscrite dans la loi, mais dans l'intérêt des protestants seulement, le mariage catholique demeurant la règle. Cet édit, en donnant un état civil aux protestants, leur accorde le droit d'avoir désormais une famille légitime.

Deux jours après l'avoir signé, le Roi fit apporter l'Edit au Parlement. Le garde des sceaux, CHRÉTIEN-FRANÇOIS DE LAMOIGNON, en présence de Louis XVI et de ses frères, exposa les considérations qui avaient décidé le gouvernement à donner un état civil aux non-catholiques.

140. Contrairement à toute attente, le Parlement ne se prêta pas à l'enregistrement immédiat. Pendant plus de deux mois, sous divers prétextes, il remit l'examen de l'édit, de séance en séance. Il invoqua d'abord l'absence des princes et des pairs; puis il discuta le titre et finit par renvoyer le tout à une commission. Le Roi perdit enfin patience ; il fit appeler le premier président d'Aligre et exprima le désir « que l'on y travaillât de suite, afin de finir promptement l'affaire ». Le Parlement, ainsi mis en demeure, décida le 11 janvier 1788 de faire des remontrances. Celles-ci furent arrêtées le 18 janvier et portées à Versailles le dimanche 20 janvier. Louis XVI ne se laissa pas arrêter par des remontrances et maintint la forme civile du mariage.

141. Le préambule de l'édit nous fait connaître les motifs qui ont déterminé le Roi à publier cette nouvelle réglementation du lien conjugal :

« Lorsque Louis XIV défendit solennellement dans tous les pays et terres de son obéissance, l'exercice public de toute autre religion que la religion catholique, l'espoir d'amener ses peuples à l'unité si désirable du même culte, soutenu par de trompeuses apparences de conversions, empêcha ce grand roi de suivre le plan qu'il avait formé dans ses conseils, pour constater 'également l'état civil de ceux qui ne pouvoient pas être admis aux sacrements de l'église; à l'exemple de nos augustes prédécesseurs, nous favoriserons toujours de tout notre pouvoir les moyens d'instruction et de persuasion qui tendront à lier tous nos sujets par la profession commune de l'ancienne foi de notre royaume, et nous proscrirons, avec la plus sévère attention, toutes ces voies de violence, qui sont aussi contraires aux principes de la raison et de l'humanité, qu'au véritable esprit du christianisme.

» Mais, en attendant que la divine Providence bénisse nos efforts et opère cette heureuse révolution, notre justice et l'intérêt de notre royaume ne nous permettent pas d'exclure plus longtemps, des droits de l'état civil, ceux de nos sujets ou des étrangers domiciliés dans notre empire, qui ne professent point la religion catholique. Une assez longue expérience a démontré que ces épreuves rigoureuses étoient insuffisantes pour les convertir : nous ne devons donc plus souffrir que nos lois les punissent inutilement du malheur de leur naissance, en les privant des droits que la nature ne cesse de réclamer en leur faveur. Nous avons considéré que les protestants, ainsi dépouillés de toute existence légale, étoient placés dans l'alternative inévitable, ou de profaner les sacrements par des conversions simulées, ou de compromettre l'état de leurs enfants, en contractant des mariages frappés d'avance de nullité par la législation de notre royaume. Les ordonnances ont même sup-

posé qu'il n'y avoit plus que des catholiques dans nos
Etats ; et cette fiction, aujourd'hui inadmissible, a servi
de motif au silence de la loi, qui n'auroit pu reconnaître en France des prosélytes d'une autre croyance,
sans les proscrire des terres de notre domination, ou
sans pourvoir aussitôt à leur état civil. Des principes si
contraires à la prospérité et à la tranquillité de notre
royaume, auroient multiplié les émigrations, et auroient
excité des troubles continuels dans les familles, si nous
n'avions pas profité provisoirement de la jurisprudence
de nos tribunaux, pour écarter les collatéraux avides
qui disputoient aux enfants l'héritage de leurs pères.

» Un pareil ordre de choses sollicitoit depuis longtemps notre autorité de mettre un terme à ces dange-
reuses contradictions entre les droits de la nature et les
dispositions de la loi. Nous avons voulu procéder à cet
examen avec toute la maturité qu'exigeoit l'importance
de la décision. Notre résolution étoit déjà arrètée dans
nos conseils, et nous nous proposions d'en méditer
encore quelque temps la forme légale ; mais les circon-
stances nous ont paru propres à multiplier les avantages que nous espérons de recueillir de notre nouvelle
loi, et nous ont déterminé à hâter le moment de la publier. S'il n'est pas en notre pouvoir d'empêcher qu'il
n'y ait différentes sectes dans nos Etats, nous ne souf-
frirons jamais qu'elles puissent y être une source de
discorde entre nos sujets. Nous avons pris les mesures
les plus efficaces pour prévenir de funestes associations.
La religion catholique que nous avons le bonheur de
professer, jouira seule, dans notre royaume, des droits
et des honneurs du culte public, tandis que nos autres
sujets non catholiques, privés de toute influence sur
l'ordre établi dans nos Etats, déclarés d'avance et à
jamais incapables de faire corps dans notre royaume,
soumis à la police ordinaire pour l'observation des fêtes,

ne tiendront de la loi que ce que le droit naturel ne nous permet pas de leur refuser, de faire constater leurs naissances, leurs mariages et leurs morts, afin de jouir, comme tous nos autres sujets, des effets civils qui en résultent. »

142. Le roi n'entend pas accorder la liberté religieuse, telle que nous la comprenons aujourd'hui ; il voulait seulement accorder aux protestants la tolérance civile et leur rendre les droits de famille dont ils avaient été si injustement dépouillés :

« 1. — La religion catholique, apostolique et romaine continuera de jouir *seule*, dans notre royaume, du culte public, et la naissance, le mariage et la mort de ceux de nos sujets qui la professent, ne pourront dans aucun cas, être constatés que suivant les rites et usages de la dite religion autorisée par nos ordonnances.

» Permettons néanmoins à ceux de nos sujets qui professent une autre religion que la religion catholique, apostolique et romaine, soit qu'ils soient actuellement domiciliés dans nos Etats, soit qu'ils viennent s'y établir dans la suite, d'y jouir de tous les biens et droits qui peuvent ou pourront leur appartenir à titre de propriété ou à titre successif, et d'y exercer leurs commerces, arts, métiers et professions, sans que, sous prétexte de leur religion, ils puissent y être troublés ni inquiétés.

» Exceptons néanmoins des dites professions toutes les charges de judicature, ayant provision de nous ou des seigneurs, les municipalités érigées en titre d'office, et ayant fonctions de judicature, et toutes les places qui donnent le droit d'enseignement public.

» 2. — Pourront en conséquence ceux de nos sujets ou étrangers domiciliés dans notre royaume, qui ne seroient pas de la religion catholique, y contracter des mariages dans la forme qui sera ci-après prescrite ; voulons que les dits mariages puissent avoir dans l'ordre civil, à l'égard de ceux qui les auront contractés dans la dite forme, et de leurs enfants, les mêmes effets que ceux qui seront contractés et célébrés dans la forme ordinaire par nos sujets catholiques.

» 3. — N'entendons néanmoins que ceux qui professeront une religion différente de la religion catholique, puissent se regarder comme formant dans notre royaume un corps, une communauté ou une société particulière, ni qu'ils puissent, à ce titre, former en nom collectif aucune demande, donner aucune procuration, prendre aucune délibération, faire aucune acquisition, ni aucun autre acte quelconque. Faisons très expresses inhibitions et défenses à tous juges, greffiers, notaires, procureurs, ou autres officiers publics, de répondre, recevoir ou signer les dites demandes, procurations, délibérations ou autres actes, à peine d'interdiction ; et à tous nos sujets de se dire fondés de pouvoir des dites prétendues communautés ou sociétés, à peine d'être réputés fauteurs et protecteurs d'assemblées et associations illicites, et comme tels, punis suivant la rigueur des ordonnances.

» 4. — Ne pourront non plus ceux qui se prétendoient ministres ou pasteurs d'une autre religion que la religion catholique, prendre ladite qualité dans aucun acte, porter en public un habit différent de celui des autres de la dite religion, ni s'attribuer aucune prérogative ni distinction ; leur défendons spécialement de s'ingérer à délivrer aucuns certificats de mariages, naissances ou décès, lesquels nous déclarons dès-à-présent nuls et de nul effet sans qu'en aucuns cas, nos juges ni autre puissent y avoir égard.

» Faisons pareillement défenses à tous nos sujets ou étrangers demeurant ou voyageant dans nos Etats, de quelque religion qu'ils puissent être, de s'écarter du respect dû à la religion catholique et à ses saintes cérémonies, à peine, contre ceux qui se permettroient en public des actions ou des discours qui y seroient contraires, d'être poursuivis et jugés dans toute la rigueur des ordonnances, et comme le seroient ou devroient l'être en pareil cas ceux de nos sujets qui professent la dite religion. »

143. Les formalités prescrites sont au nombre de deux : la publication des bans et la déclaration du mariage.

La première doit avoir lieu au domicile de chacune des parties et en outre au domicile des pères, mères, tuteurs ou curateurs, si les parties sont mineures (art. 8).

Elle sera faite, au choix des parties, par les curés ou vicaires des lieux où les bans doivent être publiés ou par les officiers de justice des dits lieux. Dans le premier cas, les publications se feront à la porte de l'église, sans faire mention de la religion des contractants. « Seront les dites publications, après qu'elles auront été faites, affichées à la porte des églises » (art. 10) (163). Le curé délivrera aux parties un certificat de publication. Il percevra de ce chef une rétribution dont le montant est déterminé par un tarif, annexé à l'édit : pour un mariage devant le curé, les frais ne s'élevaient qu'à 5 livres, tandis que pour le mariage déclaré devant le juge, dont

---

(163) Le texte primitif portait que la publication se ferait *au prône;* il fut modifié sur les remontrances du Parlement. Celui-ci fit observer que les curés se prêteraient difficilement « à publier dans la chaire de vérité les bans de ceux qui sont dans l'erreur.» Le but de l'option, qui est de permettre un rapprochement entre le non-catholique et le curé, serait ainsi compromis. Le Parlement proposa de faire faire les publications à la porte de l'église et de les afficher ensuite, suivant la règle prescrite à l'article 12, en cas que les parties s'adressent au juge. « La publicité serait la même, peut-être même plus grande » (*Remontrances du Parlement de Paris*, p. 8, d'après BONIFAS, p. 161, note 4).

il va être parlé ci-après, les conjoints doivent acquitter la somme de 7 livres 10 sols.

144. Pourquoi cette différence de 2 livres 10 sols en faveur du mariage catholique? C'était, paraît-il, pour attirer plus sûrement les protestants chez les prêtres par l'appât du bon marché. Le gouvernement n'avait pas abandonné l'idée de ramener les protestants à « l'ancienne foi du royaume »; il voulait se servir des formes et solennités du mariage pour mettre les protestants en contact avec le clergé catholique et donner à celui-ci une occasion propice de les convertir (164).

En cas que les parties ne s'adressent pas au curé, ou en cas de refus de ce dernier, les bans seront publiés les jours de dimanches ou de fêtes commandées, à la sortie de la messe paroissiale, par le greffier de la justice principale du lieu, en présence du juge ou de celui qui sera par lui commis. Une « copie lisible en sera desuite affichée à la porte extérieure de l'église » (art. 12.)

145. L'édit visait surtout les non-catholiques, *tous ceux qui ne font pas profession de la religion catholique* — Luthériens, Calvinistes, Juifs, Anabaptistes et autres — ; il est néanmoins fait en vue des protestants pour mettre fin à leurs incessantes réclamations. Il crée une forme civile de célébration de mariage, ayant les mêmes effets, pour tous les non-catholiques, que ceux résultant de mariages contractés et célébrés dans la forme ordinaire par les sujets catholiques (art. 2).

146. Les parties contractantes, assistées de quatre témoins et munies du certificat constatant les publications et l'absence d'opposition, doivent se transporter,

---

(164) G. Bourgeois, *Etude sur l'édit de tolérance (Revue de droit et de jurisprudence à l'usage des églises protestantes*, t. V, p. 5).

en la maison du curé ou en celle du juge du lieu où
l'une des parties a son domicile. Elles déclaraient alors
« qu'elles s'étaient prises et se prenaient en légitime et
indissoluble mariage et qu'elles se promettaient fidélité.

« Seront aussi tenues les dites parties, en cas qu'elles
soient mineures, de représenter le consentement par
écrit de leurs pères, mères, tuteurs ou curateurs,
duquel les curés ou juges seront tenus de faire mention
dans l'acte et déclaration de mariage, le tout, sous les
peines prononcées par l'article 20 » (art. 23).

Le curé, vicaire ou juge, déclare alors aux parties,
au nom de la loi, qu'elles sont unies en légitime et indissoluble mariage ; il inscrira les dites déclarations sur
les deux doubles du registre destiné à cet effet et fera
mention de la publication des bans. Il fera signer par
les parties contractantes, si elles savent signer, et par
les témoins (art. 18).

147. Les *dispenses* de publication de bans et de
parenté au delà du troisième degré étaient accordées aux
non-catholiques par le juge royal. Quant aux degrés
antérieurs, les dispenses en étaient expédiées et scellées
en la Grande-Chancellerie du Roi (art. 15). Ces dispositions sont conformes à ce qui se pratiquait avant la
révocation de l'Edit de Nantes, pour les degrés pro-
hibés (165).

148. La *preuve* de ces mariages était établie par les
registres tenus en double par les juges. Les curés inscri-
vaient ces mariages « sur les deux doubles des registres
ordinaires des mariages de leurs paroisses ». Ainsi que
nous l'avons vu à l'article 4, il est interdit aux ministres
de délivrer des certificats de mariage, le Roi les déclare
« dès à présent nuls et de nul effet, sans qu'en aucun cas,
les juges royaux ni autres puissent y avoir égard ».

---

(165) Bonifas, p. 165.

Mais il ne leur est pas défendu de tenir des registres de mariage.

149. Les *unions antérieures* peuvent être régularisées dans le délai d'une année, à partir du jour de la publication et enregistrement de l'Edit par la Cour dans le ressort de laquelle les parties sont domiciliées. Les époux, assistés de quatre témoins, feront une déclaration de mariage devant le curé ou le juge royal du ressort de leur domicile (art. 21 et 22).

150. Les *contestations* relatives aux mariages contractés ou déclarés dans les formes ci-dessus prescrites, seront portées en première instance devant les baillis et sénéchaux du Roi, à l'exclusion de tous autres juges, et, par appel, aux cours de Parlement (art. 24).

151. L'Edit fut mal accueilli par de nombreux catholiques. Certains curés refusèrent de se prêter au rôle de fonctionnaire public qui leur était attribué. L'évèque de la Rochelle alla même jusqu'à défendre aux ecclésiastiques de son diocèse, de participer à la célébration du mariage d'un non-catholique (166). Du reste, cette nouvelle réglementation ne constituait-elle pas un nouvel empiétement du pouvoir royal sur les droits de l'Eglise ?

152. Les pasteurs engagèrent leurs fidèles à se conformer à cette forme purement civile de l'union conjugale ; d'ailleurs, « aucune des formalités prescrites n'intéressait la conscience ». Il fut néanmoins recommandé aux membres des Eglises de conserver l'usage de la bénédiction nuptiale.

Dans la pratique, les protestants n'usèrent pas de l'option qui leur était accordée ; presque tous s'adres-

---

(166) *Réquisitoire ou dénonciation du premier avocat du Roi au siège présidentiel de la Rochelle concernant le mandement de M. l'évêque de la même ville* (d'après BONIFAS, p. 169).

sèrent au juge pour faire célébrer ou réhabiliter leur union. On les vit accourir en foule chez les juges royaux, même « des vieillards firent enregistrer avec leurs mariages, ceux de leurs enfants et de leurs petits-enfants » (167).

L'édit de 1787 fut la dernière prescription royale relative aux protestants. C'est une nouvelle étape vers la liberté religieuse et la sécularisation du lien conjugal.

---

(167) Rabaut, *Répertoire ecclésiastique*, p. 7. — Sur le mariage des protestants d'Alsace, Beauchet, *Nouv. Rev. hist.*, 1882, p. 679; Bonifas, p. 171.